百角文库

中华大人物
杰出帝王

龚云 等 编写

中国少年儿童新闻出版总社
中国少年儿童出版社
北京

图书在版编目（CIP）数据

杰出帝王 / 龚云等编写. -- 北京：中国少年儿童出版社，2024.1（2024.7重印）
（百角文库. 中华大人物）
ISBN 978-7-5148-8390-9

Ⅰ. ①杰… Ⅱ. ①龚… Ⅲ. ①帝王-生平事迹-中国-古代-青少年读物 Ⅳ. ① K827=2

中国国家版本馆 CIP 数据核字 (2023) 第 245001 号

JIECHU DIWANG
（百角文库·中华大人物）

出版发行： 中国少年儿童新闻出版总社
中国少年儿童出版社

执行出版人：马兴民

丛书策划：马兴民 缪 惟		美术编辑：徐经纬	
丛书统筹：何强伟 李 橦		装帧设计：徐经纬	
责任编辑：徐 伟		版式设计：张晓芹	
责任校对：刘 颖		标识设计：曹 凝	
责任印务：厉 静		封面图：泡 泡	

社　　址：北京市朝阳区建国门外大街丙 12 号　　邮政编码：100022
编 辑 部：010-57526270　　总 编 室：010-57526070
发 行 部：010-57526568　　官方网址：www.ccppg.cn
印　　刷：河北宝昌佳彩印刷有限公司
开　　本：787mm × 1130mm　1/32　　印　张：3
版　　次：2024 年 1 月第 1 版　　印　次：2024 年 7 月第 2 次印刷
字　　数：30 千字　　印　数：5001-11000 册
ISBN 978-7-5148-8390-9　　定　价：12.00 元
图书出版质量投诉电话：010-57526069　　电子邮箱：cbzlts@ccppg.com.cn

序

提供高品质的读物,服务中国少年儿童健康成长,始终是中国少年儿童出版社牢牢坚守的初心使命。当前,少年儿童的阅读环境和条件发生了重大变化。新中国成立以来,很长一个时期所存在的少年儿童"没书看""有钱买不到书"的矛盾已经彻底解决,作为出版的重要细分领域,少儿出版的种类、数量、质量得到了极大提升,每年以万计数的出版物令人目不暇接。中少人一直在思考,如何帮助少年儿童解决有限课外阅读时间里的选择烦恼?能否打造出一套对少年儿童健康成长具有基础性价值的书系?基于此,"百角文库"应运而生。

多角度,是"百角文库"的基本定位。习近平总书记在北京育英学校考察时指出,教育的根本任务是立德树人,培养德智体美劳全面发展的社会主义建设者和接班人,并强调,学生的理想信念、道德品质、知识智力、身体和心理素质等各方面的培养缺一不可。这套丛书从100种起步,涵盖文学、科普、历史、人文等内容,涉及少年儿童健康成长的全部关键领域。面向未来,这个书系还是开放的,将根据读者需求不断丰富完善内容结构。在文本的选择上,我们充分挖掘社内"沉睡的""高品质的""经过读者检验的"出版资源,保证权威性、准确性,力争高水平的出版呈现。

通识读本,是"百角文库"的主打方向。相对前沿领域,一些应知应会知识,以及建立在这个基础上的基本素养,在少年儿童成长的过程中仍然具有不可或缺的价值。这套丛书根据少年儿童的阅读习惯、认知特点、接受方式等,通俗化地讲述相关知识,不以培养"小专家""小行家"为出版追求,而是把激发少年儿童的兴趣、养成正确的思考方法作为重要目标。《畅游数学花园》《有趣的动物语言》《好大的地球》《看得懂的宇宙》……从这些图书的名字中,我们可以直接感受到这套丛书的表达主旨。我想,无论是做人、做事、做学问,这套书都会为少年儿童的成长打下坚实的底色。

中少人还有一个梦——让中国大地上每个少年儿童都能读得上、读得起优质的图书。所以,在当前激烈的市场环境下,我们依然坚持低价位。

衷心祝愿"百角文库"得到少年儿童的喜爱,成为案头必备书,也热切期盼将来会有越来越多的人说"我是读着'百角文库'长大的"。

是为序。

马兴民

2023 年 12 月

目 录

1 秦始皇

20 汉武帝

38 唐太宗

57 元世祖

74 康熙帝

秦始皇

（前 259 — 前 210）

秦始皇嬴政，建立了我国历史上第一个中央集权的统一的多民族国家——秦朝。他十三岁的时候就当了秦国的国君。作为中国的第一个皇帝，秦始皇坚决反对分裂，把全国的行政、文字、货币、道路和度量衡等都统一起来，并整修长城，积极抵御外族的入侵。秦始皇奠定了中国两千多年封建社会的基本格局，被李贽誉为"千古一帝"。

平定叛乱

在秦王嬴政二十一岁那年,春季的一天,他带着文武大臣离开都城咸阳,到西边的雍(yōng)城去。他要在那里的蕲(qí)年宫举行冠礼。按当时的习惯,男子到了二十岁算成年人,要给他戴上冠(就是帽子)。嬴政是国君,这回戴上王冠,就要亲自掌权了。大队车马越走越远,渐渐地消失在远方。

嬴政刚走,咸阳城里就出了乱子。一个叫嫪毐(lào ǎi)的宦官(又叫太监)把手下的兵将集合起来,手举着两颗印叫着说:"你们看,这是什么?这是国君和太后的大印。大王有令,让我们去攻打蕲年宫,把那里的人全杀掉!"

"杀呀，杀呀！"将士们齐声呐喊。

其实，是嫪毐偷了国君和太后的大印，编造了这个假命令。他是想趁嬴政离开咸阳的时候，发动叛乱，把嬴政杀死，由自己掌握秦国的大权。看到手下将士都愿意厮杀，他十分得意，把手一挥，就要率军出发。

忽然，远处传来一阵马蹄声，还夹杂着喊杀声。嫪毐大吃一惊，抬头一看，吓得"哎呀"大叫一声，连忙下令："不好！这是嬴政的人，快迎战，快！"

原来，嬴政早已察觉了嫪毐的阴谋，刚离开咸阳，就又率兵杀了回来。双方军队混战在一起，嫪毐的兵将人少力单，哪里是秦军的对手！没用多大工夫，他的队伍被打得落花流水，东奔西逃。

"报告大王，嫪毐逃跑了！"

嬴政听说嫪毐跑了,果断地说:"追!抓到活的,赏钱一百万;把嫪毐杀死,赏钱五十万!"

将士们像旋风一样奔出城去,四处搜查,终于抓到了嫪毐。嬴政立即传出命令:"嫪毐偷盗王印,谋反叛乱,罪大恶极。立即把他处死,同谋的也一个不留!"

赶走吕不韦

嬴政平定了嫪毐的叛乱,下令追查,发现这次叛乱跟相国吕不韦(wéi)有关系,实际上是他支持的。

吕不韦本来是个做买卖的商人,仗着曾经帮助嬴政的父亲当上国君,被封为相国,掌握了秦国的大权。嬴政当上国君以后,对吕不韦很尊重,叫他"仲父"(相当于叔父)。秦国的大事,都是吕不韦说了算,他也根本不把嬴政放在眼里。吕不韦有很大一块封地,养了一万多亲兵,没人敢惹他。

嬴政一天天地长大,对吕不韦渐渐不满起来。吕不韦发觉嬴政聪明果敢,心里很害怕,就和宦官嫪毐勾结在一起,打算共同对付嬴政。他万万没想到,嬴政这么快就把叛乱平定了。嬴政虽然查出吕不韦在背后支持,但还是给他留了点面子,只免了他的职,让他回封地洛阳去。

嬴政罢了吕不韦的官,还不放心,又派人去打听他的动静。结果,嬴政接二连三地得到报告说,吕不韦到了洛阳,各国的使者都去看他,打探秦国的情况。

嬴政气得咬牙切齿,马上给吕不韦写了封信,说:"您到底为秦国立了什么功劳,值得我们这么看重,让您做高官,还给了一大块封地。您又到底跟秦国是什么亲戚,让我叫您仲父!这些,您心里都明白。您还是离开洛阳到蜀地(在现在四川省一带)去吧!"

吕不韦看完信又气又恼,蜀地当时又偏僻又穷困,他实在不愿意去。想来想去,无路可走,他只好喝毒酒自杀了。

嬴政除掉了吕不韦和嫪毐,亲自掌了权,开始施展自己的才能,雄心勃勃地要统一全国。

取消逐客令

秦国一天比一天强大,到秦国来的客人也一天比一天多。其中有的人是来探听情况,回去向本国国君报告的。秦国王族里有些人为国家的安全担心,就对嬴政说:"大王,有些客人实际上是奸细，这对秦国不利呀！不如下令把所有客人都赶走，免得他们在这里闹事。"

嬴政觉得有道理，就下了一道"逐客令"，让从各诸侯国来的人都赶快离开秦国。命令发出不久，他就接到一封信，是楚国的客人李斯写的，信上说："听说您下了逐客令，我觉得这是错误的。秦国有很多功臣，都不是本国人。大名鼎鼎的商鞅是卫国人，他就为秦国立了大功。您现在不问是非曲直，说只要不是秦国人，就一律赶走。这不是轻视人才吗？"

嬴政倒吸了一口凉气，又往下看："大山要不丢弃每块土石才能成为大山，大海要能容纳每一条小河的水才能成为大海。一个强国呢，也要能招徕（lái）众多的人才才能不断强盛。现在有这么多人都愿意到秦国来，这本来是好事，您反倒要赶他们走，这不等于让他们去帮助别的国家反对自己吗？"

"对呀！"嬴政看完李斯的信，大声下令说，"快把逐客令收回，恢复李斯的官职！"

嬴政听了李斯的话，大胆重用各地的人才，到秦国来的能人更多了。

荆轲刺秦王

秦国要实现统一的消息传出来，把其他六国吓坏了。他们想方设法要杀死嬴政，阻止秦军的进攻。

燕国的太子丹收买了一个叫荆轲（jīng kē）的刺客，制订了刺杀秦王的计划。为了能接近秦王，他们准备献给他两件礼物：一个是秦王正在追捕的逃亡将领樊於（wū）期（jī）的脑袋；一个是秦王正想得到的督亢地区（在现在河北省易县、涿州一带)的地图。他们事先在地图里藏了一把涂上毒药的匕首。用这把匕首杀人，只要出一丝血，人马上就死。他们打算在秦王伸手接地图的时候，当场刺死他。

秦王嬴政一听荆轲带着这样两件礼物来见他，高兴极了，亲自在宫殿里接见荆轲。他看过樊於期的人头以后，就让荆轲把地图打开。荆轲不动声色，慢慢地把地图展开。突然，他一把抓住了嬴政的袖子，飞快地从地图里抄起锋利的匕首，狠狠地向秦王刺去。可是他用力过猛，第一下刺空了。嬴政一着急，用力挣断袖子，慌忙起身躲避。荆轲在后面紧追，两个人围着柱子团团转。

秦国有个规定，大臣上殿见国王，一律不准携带兵器。这时候，大臣们赤手空拳，干着急，没办法。在这万分危急的时刻，有个大臣冲着嬴政喊叫:"大王,您身上带着宝剑呢!"

秦王好像从梦里刚醒过来,赶紧拔出宝剑,连砍几下,把荆轲杀死了。

匕首没有吓住嬴政,他下令加快统一的步伐。秦军先后灭了韩国、赵国、魏国、楚国、燕国和齐国,终于把全国统一起来,结束了春秋战国以来几百年的分裂局面。这一年是前221年。

始皇帝

嬴政建立的统一的秦朝,国土十分广大。用现在的地名说,它东到大海,西到青海、甘肃,南到广东、广西,北到内蒙古、辽东一带。地域这么大,在当时的世界上是没有哪个国家比得上的。

嬴政很高兴，他把大臣们召集起来，对他们说："我本来是个渺小的人，今天能平定天下，全靠祖宗的神威呀！我今后该怎么称呼呢？还称'王'就不能凸显这份功劳，也没法让后世的人知道。你们说说，叫什么好哇？"

有几个大臣商量了一下，说："大王的功劳，就是五帝[指古代传说中的黄帝、颛顼（zhuān xū）、帝喾（kù）、尧、舜]也比不上。在古时候，有天皇、地皇、泰皇这三皇，以泰皇最尊贵。大王就改称'泰皇'吧！"

嬴政想了想，说："不如把'泰'字去掉，留下'皇'，加上'五帝'的'帝'，叫'皇帝'。"

"对呀！"大臣们齐声欢呼起来。

嬴政接着说："朕（zhèn，皇帝的自称）是始皇帝，朕以后是二世皇帝、三世皇帝……万世皇帝，一直到永远！"

就这样,嬴政成了我国历史上第一个皇帝,人们都叫他"秦始皇"。

秦始皇又和大臣们商量怎样治理天下。有的大臣提议按周朝那样,把皇帝的儿子和亲属封在各地为诸侯。李斯坚决反对,他说:"周朝封了那么多子弟,后来他们一家子如同仇敌,相互攻打,周天子根本管不住。分封诸侯的事,不能再做了。我以为应该把天下分为郡县,都归皇帝陛(bì)下(对皇帝的尊称)一人掌管,才是上策。"

"好!李斯的话正合我意。"秦始皇说,"过去,各地征战不休,就是因为封了诸侯。我如果再立那么多小国,天下不就又乱了吗?还是分为郡县好。"

秦始皇把全国分为三十六个郡,郡下又设县,派能干的人去管理各地的军政事务。他还下令让全国用一样的货币，一样的文字，一样的度（如尺、寸等）、量（如斗、升等）、衡（如斤、两等）。为了使交通更加便利，他又命令修筑从咸阳到各地的大道，道路一样宽窄，车上两个轮子也都是一样的距离。

秦始皇办的这些事，对我们民族统一和发展起了非常大的作用。

万里长城

秦始皇统一全国以后，有一件事常常挂在他的心上。这就是北方的匈奴人常常来侵扰边境。为了防备匈奴人，他派大将蒙恬率领三十万大军出征。将士们勇猛作战，一下子把匈奴人赶到很远很远的地方去了，被侵占的土地也夺了回来。

可匈奴人还会再跑回来,怎么办呢?秦始皇想起从前秦、赵、燕等国都修过长城,用来阻挡匈奴人南下。如果把那些一段一段的长城都连接起来,再加固、延长,不就更好了吗?

于是,秦始皇下令征调民工修筑长城。民工们在陡峭的山顶上白天黑夜地干,很多人累死在长城脚下。但是,他们终于修好了长城。这条长城西从临洮(táo,在现在甘肃省)开始,往东一直到辽东(在现在辽宁省)。因为它很长很长,人们都习惯叫它"万里长城"。

后来,我国人民又不断地修筑长城。现在我们看到的长城是明代修筑的,它西起甘肃省嘉峪关,东到河北省山海关。

长城,是我国劳动人民勤劳和智慧的结晶。它蜿蜒曲折,气势雄伟,千百年来,为人民所景仰,成为我们中华民族的伟大象征。

焚书坑儒

秦始皇做了很多好事，也做了一些错事，其中最叫人反对的是"焚书坑儒"。"焚书"，就是把书烧掉。秦始皇为什么要烧书呢？

因为有一次，有些大臣又提出应该像周朝那样分封诸侯，主张一切按照古代的办法去做。秦始皇听了很不高兴，脸上也没了笑容。大臣李斯上前一步，说："各朝代有各朝代的办法，自古以来就是这样。大王不要听这些愚蠢的书生瞎说。现在有些书生读了古书，就乱发议论，攻击朝廷。我看除了写秦国历史的书，还有像医药、农桑、种树和法令的书以外，其他的历史书，还有各个学派的诗、书都应该烧了，免得让那些书生读了再惹是生非。"

"可以！"秦始皇点点头说。

就这样，他们把很多书搜查出来烧了。秦始皇反对复古倒退是对的，但是他用烧书的办法来应对，就不对了。焚书的结果使我们民族的文化遭到了重大损失。幸亏很多私人藏书没被查出来烧掉而保存了下来。不然，很多好书，我们后代人都读不到了。

"坑儒"，就是把一些书生活埋了。这是怎么回事呢？原来古代人讲迷信，秦始皇也不例外。他梦想自己能长生不死，成为"神仙"。有些装神弄鬼的方士（专门求仙的人）为了讨好，就骗秦始皇说，在东海一个什么地方能找到神仙。秦始皇信以为真，给了他们好多钱，让他们带上几千名童男童女下海求仙，还让方士卢生和侯生去找长生不死的药。可过了好长时间，神仙没找到，长生不死药也没找到。方士们十分害怕,卢生和侯生就说:"始皇帝为人太残暴,得罪了神仙,所以他得不到长生不死药。"

秦始皇听了,气得下令追查,卢生和侯生早跑了。秦始皇下令,把抓到的四百六十多人都活埋了。被埋的人里面,有的是骗人的方士,也有不少是有学问的读书人。秦始皇不分青红皂白,胡乱杀人,为后来的有些统治者轻视文化、迫害读书人开了一个头。

巡游天下

秦始皇在攻打六国的战争中,经常亲赴前线巡视。统一全国以后,不管什么事,他都要亲自决断。他每天要看的公文(竹简)有一石(dàn,五十多斤)重,白天看不完,夜里接着看。他还在十年的时间里，五次外出远游，巡视各地，足迹几乎遍布全国。

秦始皇不顾路途遥远和交通不便，一路上筹划着修筑车道，修建长城的事。他还登上了泰山、衡山等有名的大山，兴致勃勃地观赏着大好风光。他每到一处，都下令立下石碑，在上面刻字，记录秦朝统一中国的功绩，记录自己的活动。

在最后一次出巡的途中，秦始皇劳累过度，得了重病。走到沙丘平台（在现在河北省）的时候，病情恶化，去世了。这一年是前210年。秦始皇当时只有五十岁。

秦始皇在世的时候，下令建造了规模宏大的宫殿阿房宫，供自己居住享乐，还在骊山（在现在陕西省）下修建了十分豪华的陵墓。他幻想秦朝能永远存在下去。可是，由于他修宫殿、造陵墓，残酷剥削人民，使老百姓生活越来越苦。在他死后不久，秦朝就被起义的人民推翻了。秦朝皇帝只传了二世。

现在，在陕西省西安市有一座秦始皇兵马俑（yǒng）博物馆，展览着一部分出土文物。兵马俑是陵墓中象征保卫京城的军队，由战车、骑兵俑、步兵俑组成。它们排成一个个威武雄壮的方阵，就像随时准备出发去打仗一样。

看到这些，谁能不为我们古代人民的智慧而自豪，谁又不会想起为中华民族建立了巨大功勋的古代政治家秦始皇呢？

汉武帝

（前156 — 前87）

汉武帝刘彻，是汉景帝的儿子，十六岁即位，当了五十三年皇帝，是汉朝辉煌时代的缔造者。在位期间，他广泛任用有各种才能的人，巩固了全国的统一，促进了各地经济和文化的发展。他还加强了边防，彻底解除了北方匈奴民族对西汉的威胁，汉武帝派遣张骞（qiān）出使西域，沟通了汉朝和西域各国的友好关系，开辟了影响几千年的"丝绸之路"。

八句话

汉武帝当上皇帝以后,经常把一些有知识的读书人请进朝廷,让他们议论国家大事,给自己出主意。对那些有能力的人,汉武帝就让他们做官,为国家办事。

有一次,汉武帝从全国各地请来一百多个读书人,让他们把自己的想法写成文章。大家写好了,负责评审的官员们先看了看,把他们认为写得好的放在前面,写得不好的放在后面,送给汉武帝看。

汉武帝仔细地阅读文章,都快看完了,也没发现写得太好的,但他还坚持往下看。看到最后一篇,汉武帝被吸引住了。这篇文章提出了治国的八条办法:

选用官吏，要根据他的能力大小；少说空话，多办实事；不乱花钱，少收税；不要给老百姓增加负担，让他们好好生产；官吏当中，品德好的要重用，差劲儿的不要；立功的提升，无功的降职；官吏犯法，要坚决处置；为官清正的，要给以奖赏。

文章很短，可写得清楚明白，提出的办法也好。汉武帝兴奋地一连看了好几遍。他很奇怪：这么好的文章，怎么排在最后一名呢？

原来，文章的作者叫公孙弘（hóng），家里很穷，年纪很大了才开始读书。六十岁那年，公孙弘曾经被朝廷选用过一次，因为汉武帝对他不满意，他就回家去了。这一次，他本不想来，可周围的人一个劲儿地撺掇（cuān duo），他只好又来了。负责评审文章的官员知道他已经六十多岁了，又想起汉武帝曾经对他不满意，所以把他排在了最后一名。

汉武帝可不这么想,既然公孙弘提的办法好,就应该摒弃成见去重用他。他大笔一挥,把公孙弘改成了第一名,还下令召见他。两个人谈论了好长时间,汉武帝很满意,就让公孙弘留在朝廷里。后来,公孙弘为汉武帝出了不少主意,还当了丞相。

君臣之间

汉武帝有个大臣叫汲黯,是个敢说真话又不讲情面的人。

有一天,汉武帝和大臣们提起选用人才的事,他说:"你们知道谁是个能干的,要随时对我说,有多少都可以,我是不怕人才多的。"

想不到,他刚说完,汲黯就不耐烦地批评

起来:"您今儿个说招贤,明儿个让举荐人才,这事儿老挂在嘴边上。可是,人才来了,您又怎么样呢?只要有一点过失,不是被您下了大狱,就是被您杀掉。您这么干,谁还肯来呢?"

汲黯越说越生气,声音也越来越大。别的大臣怕汉武帝不高兴,都替汲黯捏把汗。可汲黯不管这些,还往下说:"我看,早晚有一天,天下的能人都让您杀光了,看您还靠谁治理天下!"

汉武帝看着汲黯怒气冲冲的样子,听着他那刺耳的话,不但没有发火,反而挺高兴。他笑着对汲黯说:"不是怕没人才,就是怕当官儿的有眼不识人才。有的人,虽然有才干,可不肯好好办事,那和没才的人一样,留着这样的人有什么用呢?"

汲黯把脸扭过去,不服气地说:"我虽然

说不服您，可是我还是认为您做得不对。希望您今后改正，不要认为我愚笨不懂道理。"

汉武帝点点头，又对其他大臣说："汲黯敢说心里话，一点也不笨啊！"

汉武帝能够听取大臣意见，重用人才。在他当政的几十年中，西汉出现了好些有作为的政治家、外交家、军事家、文学家和思想家，在各个方面都有了很大发展。

枸杞子酱

汉武帝是个眼光远大的人。为了加强汉朝和周围各国的关系，他曾经派张骞两次出使西域，开始了和西方国家的友好往来，打通了世界闻名的"丝绸之路"。

汉武帝还想办法加强与偏远地区人民的联

系。那时候,交通十分不方便,很多偏僻地区的人民没有机会和外界接触。有一次,汉武帝派大臣唐蒙到南越去巡视。那里的人拿出了许多好吃的东西招待唐蒙,其中有一种"枸杞(gǒu qǐ)子酱",特别好吃。唐蒙仔细一打听,知道枸杞子酱是蜀地(在现在四川省)的特产,是从牂牁(zāng kē)江运来的。牂牁江在一个叫夜郎国的境内。

唐蒙马上给汉武帝写了一封奏章,请求去夜郎国看一看。汉武帝十分高兴,马上答应派唐蒙做使者,带着许多礼物去找夜郎国。

唐蒙带人从蜀地出发,好不容易才找到了处在山窝里的夜郎国。夜郎国的首领叫多同,他从来没和外地人打过交道,认为自己的国家很大很大。所以,一见到汉朝来的使者唐蒙,就问:"是你们汉朝大呢?还是我们夜郎大?"

唐蒙就把汉朝立国有多久，疆域有多大，讲给多同听。多同这才知道自己就好像井底的青蛙一样，看到的只是井口那么大的天，而外面的天地可大啦！我们现在说的"夜郎自大"这个成语就是从这个故事来的。

唐蒙把带来的礼物送给多同，告诉他，只要他们好好地同汉朝来往，朝廷一定给他们更多的东西。多同高兴地答应了唐蒙的要求。

后来，汉武帝又派大臣司马相如做使者，带着礼物到西南地区去，结交那里的地方首领，让他们也归属了汉朝。

汉武帝派唐蒙出使夜郎，司马相如出使西南，都获得了成功。从此，汉朝先进的生产技术、铁制的生产工具和中原文化传到了那些地方，推动了那里经济和文化的发展。当然了，汉朝的疆域也就更大了。

朝廷上的争论

北方的匈奴人不断侵扰汉朝,汉武帝为这件事伤透了脑筋。

从前,汉朝对匈奴一直采取边打边和的办法。匈奴人来了,抵挡一阵,再派人跟他们和亲,就是把皇家的姑娘嫁给匈奴人的首领,还要每年送去些财物。可匈奴人并不满足,过些日子,又打了进来。

汉武帝决定彻底解除北方的威胁。他派大将卫青和霍去病连续出兵,终于打败了匈奴。

可在朝廷内部,对打不打匈奴,意见并不一致。有一次,匈奴人又派人来要求娶个汉朝的公主。汉武帝召集文武百官,问大家该怎么办。大臣狄山抢先说:"和亲好,和亲好!"

汉武帝问他:"你说说,为什么和亲好?"

狄山摇头晃脑地说:"一打仗,就要动枪动刀,就得死人。过去,咱们一直和匈奴人结亲,不是很好吗?现在您兴兵打匈奴,弄不好国库空了,百姓也穷了。所以还是和亲好。"

大臣张汤听了狄山的话,斥责他说:"过去,咱们国内不稳,兵力也不强,没办法才和亲。可匈奴人还不知足,和亲不久就又打了进来,还得再和亲。这还有完吗?现在,国力强了,为什么还怕他们呢?你真是个蠢家伙!"

狄山不服气,冲着张汤大骂起来:"我蠢?可我这是对皇上忠诚;你机灵,可你奸诈!"

汉武帝听了,很生气,问狄山:"你说你忠诚,那好,我派你去守卫一个郡,你能让匈奴人不来抢东西吗?"

狄山吓得连忙说:"我……我不行!"

"守一个县呢？"

"也不行。"

"守一个城堡，行了吧？"

狄山为了证明自己忠诚，只好硬着头皮应了。汉武帝就派他去防守边境上的一个城堡。

狄山怕匈奴人打过来，偏偏还不到一个月，匈奴的军队就来了。他们再也不提和亲的事，抢了东西，又割下狄山的脑袋，跑了。

狄山被杀，朝廷里的大臣们都大吃一惊。那些主张只"和亲"不派兵的人，再也不敢吱声了。

治理黄河

汉武帝很重视发展农业生产。可要想多产粮食，没有水不成；水太多了，泛滥成灾，也不成。所以治水一直是我国古代人民非常关心的事情。要说全国性的大规模治水，还是从汉武帝开始的呢！

有一年，黄河在瓠（hù）子口（在现在河南省）这个地方决了口子。大水冲出河道，淹没了周围的村庄和田地。从此，二十多年当中，这个地方一直受到水害的威胁。汉武帝在平定了匈奴和南方以后，就集中人力治理黄河。他派人带着好几万军队驻守在瓠子口，让他们专门堵塞决口，整修河道。

过了些日子，汉武帝亲自带领文武百官来到治河工地。他看到周围汪洋一片，又看到士兵们背着大石块和木头不停地运送着，高兴地对左右的人说："二十多年了，水灾不断，这一回，非治好不可。你们别光站着看，都去背木头、背石头，好早点把口子堵上。"

文武百官们听了,从将军开始,都去和士兵们一起干起来。汉武帝又和官员们商量,开了两条渠,把水引到别的地方去。不久,治水工程完工,洪水被战胜了。看到当地人民开了荒,种了地,汉武帝才回长安去。

为了引水灌溉农田,汉武帝下令让各地想方设法多挖水渠,把大河的水引到没水的地方。有一条长三百多里的大水渠从都城长安附近一直通到黄河,使沿岸的一万多顷农田用上了水。当时整个北方,很多地方都修了渠。农田浇上了水,粮食产量也大大提高了。

斩外甥

汉武帝有个妹妹叫隆虑公主。隆虑公主的儿子昭平君娶了汉武帝的女儿做妻子。这就是说,昭平君是汉武帝的外甥又是汉武帝的女婿。他就仗着自己和汉武帝亲上加亲的关系,平日里为非作歹,经常欺负人,干违法的事。

隆虑公主看见儿子这个样子,担心他早晚得出事,可又管不了他。后来,隆虑公主得了重病,知道自己活不成了,就拿出了金一千斤、钱一千万送给汉武帝,对他说:"我死了,不担心别的,就是担心昭平君这个孩子太不知好歹。万一他将来犯了死罪,请你看在我的面子上饶了他。我这些钱就算是先给他交了赎(shú)罪钱吧!"

汉武帝怕妹妹难受,就点头答应了。

隆虑公主死了以后,昭平君没有母亲管着,更无法无天了。有一次,他喝醉了酒,竟杀死了朝廷里的一个官员,后被人抓住,下了狱。

按法律规定:杀人要偿命。但是,管刑法

的官想到昭平君是皇帝的亲戚，就来请汉武帝亲自处理。汉武帝左右的人都帮着昭平君说话："隆虑公主生前已经替他儿子赎罪了，您也答应过，这次就饶他不死吧！"

汉武帝想起妹妹临死前说的话，心疼得流下眼泪，难过了好一会儿，才说："我妹妹年纪老大才得了这个儿子，临死前，又把他托付给我……可刑法是先帝制定的，如果我因为妹妹求过情，就违反了先帝的刑法，我还有什么脸面去见先帝？又怎么能治理天下呢？"

汉武帝哭着下令按法办事，处死了昭平君。

一场大祸

汉武帝当了五十多年皇帝，做了很多大事，使汉朝成了当时东方最强盛的国家。可到了晚年，他追求享乐，到处游山玩水，还很迷信，像秦始皇似的，常常求仙，想长生不老。这些活动，不但耗费了大量钱财，而且酿成了一场大祸。

本来，那些弄神弄鬼的巫公、巫婆们耍的都是骗人把戏。他们对人说：你要是恨谁，就做个木头人埋在地下，用咒语骂他，准能把他骂死。

汉武帝也相信这一套。有一次他生了病，怀疑有人用这个办法在咒骂他，一气之下，就杀了好几百人。杀了人，他的病也没见好，还是一天到晚地胡思乱想。有一天，他想得昏昏沉沉，大白天就睡着了。忽然，他看见几千个木头人，手持棍棒，一齐向他打来，吓得他出了一身冷汗。睁眼一看，原来是一场噩梦。

正在这时候，有个叫江充的人来见汉武帝，

猜到了汉武帝的心事。他心想：老皇帝看来快不行了，他一死，皇太子刘据就要当皇帝。可是刘据讨厌我，他当了皇帝，我江充不就倒霉啦？干脆，趁此机会，栽个罪名，除掉太子吧！

江充打好主意，就对汉武帝说："您的病，是皇宫里的人在捣鬼，他恨不得您马上升天才好呢！"

汉武帝听了很生气，立即让江充到皇宫里去搜查抓人。江充为了陷害太子刘据，先暗地里派人把木头人埋在太子的宫室里，然后向汉武帝报告，说太子的宫室里埋的木头人最多。

开始，刘据想亲自向父亲解释清楚，后来看江充非要把他抓起来治罪不可，一怒之下，就把江充杀了。

江充手下的人慌忙跑到汉武帝那里造谣说，太子起兵造反啦！汉武帝信以为真，下令调动大队人马，去抓捕太子。太子只得率兵抵抗，双方激战了五天，又死了几万人，鲜血把河水都染红了。后来，太子兵败，上吊自杀了。

事后，汉武帝才知道太子是被江充冤枉的，心里十分难过。他让人造了一座思子宫，来表示自己悔过的心情。

纵观汉武帝的一生，他在政治、经济、文化领域均取得了举世瞩目的成就，为汉朝的繁荣发展奠定了基础。

唐太宗

(599 — 649)

唐太宗李世民,是唐朝的第二位皇帝,贞观盛世的开创者。他帮助父亲李渊推翻隋朝,建立了唐朝。当了皇帝以后,他减轻老百姓的负担,重用一大批有本事的官员,重视发展生产,加强了国内各民族的团结,在不长的时间里,就把唐朝治理得富强昌盛,在当时的世界上产生了巨大的影响。

起兵反隋

李世民的父亲李渊本来是隋朝的大将,被封为唐公。隋朝末年,各地农民起义,反抗隋炀帝。李世民也为国事担忧,常在父亲面前说起这些事。

李世民有个好朋友,名叫刘文静,是晋阳县(在现在山西省)的县令。刘文静因为和一位反抗隋朝的农民起义领袖结成了亲家,隋朝官府把他关进了监狱。有一天,李世民去探望他。刘文静对李世民说:"现在天下大乱,可惜没有像汉高祖刘邦、汉光武帝刘秀那样的人来收拾大局呀!"

李世民说:"我正是来跟您商议这件大事的。您有什么好计策?"

"现在各地反隋的有几万人,只要能把他们集中组织起来,夺取天下就像把手掌翻过来一样容易。您父亲统率着几万军队,晋阳城里也可以招揽十万人,有了这支兵力,不用半年,就能得天下呀!"

"您说的正是我所想的。"李世民很高兴,可又有些犹豫地说,"就怕我父亲不同意!"

这时候,李渊的军队在一次和外族的战争中打了败仗,他怕朝廷责备,十分着急。李世民乘机对父亲说:"您要是能顺应民心,起兵反隋,就能转祸为福!"

"大胆!"李渊听了大吃一惊,"你再胡说,我就把你抓起来,交给县官去治罪!"

"我看清了天下大势,才敢说这些话。"李世民不慌不忙地回答,"您就是去告发我,我也不会跑。"

"唉！我哪能忍心告发你？只是让你不要再胡说八道罢了。"李渊说。

第二天，李世民又来见父亲，劝他说："我昨天的话，是万全之策，请您别再犹豫啦！"

李渊长叹一口气，说："昨儿晚上我想来想去，觉得你说得也有理，就依你说的办吧。"

就这样，在李世民的鼓动下，李渊起兵反隋了。他的军队由李世民率领着，一直向隋朝京城长安打了过去。

玄武门之变

不久，李世民领兵攻破了长安。第二年，也就是618年，李渊废掉隋朝皇帝，建立了唐朝，他就是唐高祖。李渊有四个儿子：建成、世民、玄霸和元吉。李玄霸早死了，唐高祖让老大李建成当了皇太子,老二李世民当了秦王,老四李元吉当了齐王。

李渊虽说是唐朝的第一个皇帝,可实际带兵打天下的是年轻的李世民。他为唐朝的建立和巩固立下了汗马功劳,在朝廷上威望特别高,势力也最大。太子李建成和四弟李元吉都挺妒忌,同他合不来,还总想害死他。

有一天夜里,李建成请李世民去饮酒。他在酒里偷偷放了毒药,李世民喝下去以后,吐了好多血,幸好没被毒死。后来李元吉又在唐高祖面前说李世民的坏话,想让父亲杀了他。

李世民手下的几个亲信知道了,都劝李世民抢先动手,除掉李建成和李元吉,免得自己被害。李世民答应了。

这一天,李世民在皇宫的玄武门埋伏了一支精兵,准备乘李建成和李元吉经过的时候杀死他们。这事被唐高祖的一个妃子知道了，立刻派人告诉了李建成。李建成马上找李元吉一起去见唐高祖，告发李世民。

他们骑着马刚走到临湖殿，发觉四周情况跟往常不一样，感到不妙，就立刻掉转马头往回走。这时候，李世民突然跑出来，直叫："太子请留步，我有话跟您说！"

李建成不听他的，赶紧往前走。李元吉沉不住气，拉开弓就向李世民连射了三箭，可都没射中。身经百战的李世民武艺比他们都高强。说时迟，那时快，李世民也拉弓搭箭，"嗖"的一下，把李建成射下马来，再补上一刀，杀死了他。李世民的部将赶上去，把李元吉也射下了马，砍死了。

这时候，唐高祖正在太极宫的湖里划船，李世民的部下跑来报告："太子和齐王作乱，秦王把他们杀了！"

"啊？"唐高祖吓得呆住了，半晌，才对身边的大臣们说："没想到发生了这样的事。你们说该怎么办？"

大臣们回答："建成和元吉本来没有什么功劳，还几次要谋害秦王，秦王不得不讨伐他们，把他们杀了。您要是立秦王为太子，让他治理国家，天下就太平啦！"

于是，唐高祖立李世民为皇太子。两个月后，他自称太上皇，让李世民做了皇帝。李世民这年二十七岁，他就是历史上有名的唐太宗。

隋朝的教训

隋炀帝残酷压迫人民，老百姓没有不恨他的，全国各地都爆发了农民起义。不久，隋朝就被推翻了，隋炀帝也让人勒死了。

唐太宗亲眼看到了隋朝的灭亡，特别是看到了百姓的力量那么强大，这使他一辈子都忘不了。所以，他办事一直小心，不愿意加重百姓负担，免得自己也落个隋炀帝的下场。他希望自己的后代永远记住隋朝灭亡的教训。

他经常跟大臣们说："我年轻的时候生活在民间，对老百姓的疾苦知道得很清楚；后来当了皇帝，处理天下大事，还不免出差错。太子自幼生活在皇宫中，每天吃喝玩乐，百姓的艰难困苦，他从来没有亲眼见过，将来处理国事，很可能出大错。所以你们一定要好好帮助他啊！"

唐太宗一遇见机会，总不忘提醒太子。吃饭的时候，他对太子说：你知道种庄稼的艰难，懂得粮食来得不容易，才能好好对待种田人，你也才能有饭吃。看见太子骑马，他就说：你懂得牲口的辛苦，不要把它的力气用尽，才能常有马骑呀（唐太宗在这里把马比作百姓）！

有一次，太子在湖里划船，正好唐太宗有事从湖边经过，就停住了脚步。太子一见，赶紧把船划到岸边，问："父皇找我有事吗？"

"你知道船靠什么行走吗？"唐太宗反问他。

"船靠着水，才能行走啊！"

"你知道隋朝是怎样亡国的吗？"

"隋炀帝残暴荒淫，大兴土木，赶着几百万百姓给他干活，逼得百姓起来造反。您顺应民心，乘势灭了隋朝！"

唐太宗一边听着一边点头，然后说："你说得不错。可你不知道，江河里的水好比是百姓，水上行的船好比是君王；水可以把船浮起来，让它行走，也可以把船弄翻，使它沉没。百姓可以使君王取得天下，也可以使君王失掉天下。你一定要记住这个道理啊！"

"水可载舟，亦可覆舟"，唐太宗的这句话，从此成了一句名言。

弓的启发

唐太宗是个善于治国的政治家，又是个能征惯战的统帅。一次，他拿出十张好弓，问一位造弓的老师傅："这是我过去收集的十张良弓，你看怎么样？"

他满以为弓匠会大大称赞一番的。可那位弓匠把十张弓都仔细地看了看，笑了笑说："皇上，这些弓的木心不正，脉理歪斜，射出的箭走不直啊！虽说是强弓，可都不是好弓。"

太宗听了十分扫兴。可他从这件事受到了启发,明白了一个道理,对左右的人说:"我一生不知打了多少仗,用过多少弓,可还不能识别真正的好弓;天下的事情这么多,哪能什么都懂,都辨别得出对和不对呢?"

从此,他规定京城里五品以上的官员,轮流在宫中值夜班。他不分白天晚上随时亲自召见他们,问老百姓的疾苦和地方上发生的事,有处理错误的就立即下令纠正。

由于唐朝建立不久,事情特别多,大臣们上的奏折也就很多,唐太宗把这些奏折都贴在墙壁上。有个大臣不太理解,问他:"您把奏折贴起来做什么呢?"

唐太宗说:"奏折太多,我怕忘了,就贴在墙上,进进出出都能看见,这样才不误事。"

唐太宗还在自己卧室的屏风上,贴了许许

多多纸条,上面写着全国地方官员的姓名。有位大臣对他说:"地方官员都写进了花名册,您干吗还要把他们的姓名贴起来?"

唐太宗说:"地方官员是直接管理百姓的,关系重大。他们做了好事或坏事,我都随时记在他们的名下。这样,谁该提拔,谁该降职或罢免,我就有了根据,不会弄错了。"

正因为唐太宗办事一点不马虎,所以当时绝大多数官员都比较廉洁,办事认真。据说,当时许多地方,有人在路上丢了东西没人捡走,夜间不关门也没人偷东西。古人叫作"路不拾遗,夜不闭户"。这就是历史上最受赞扬的清平景象。

谁有本事就用谁

有一次,唐太宗要给功臣们封官赐爵。他让人宣读事先写好的名单,并且说:"有不合适的,就提出来吧。"

唐太宗的叔父李神通打了许多仗,他一直认为自己的功劳最大,可一听名单上把自己排在后面,就不服气地大声说:"当初,我首先起兵响应您,东征西伐。可您怎么把我排在房玄龄、杜如晦(huì)这些人后面了?他们有什么功劳?不过就是舞文弄墨,写写画画嘛!"

唐太宗笑了,说:"叔父虽然首先举兵起义,可您忘了,您后来还打了两次大败仗?房玄龄、杜如晦他们出主意,定计策,帮我取得天下,论功劳,应当排在您前面。您虽然是我的至亲,我可不能因私情加重对您的封赏啊!"

大臣房玄龄说:"秦王府里的旧人,都是皇上的老部下,那些没升官的,不免有怨言。"

唐太宗说:"设立官职,为的是选拔人才,替百姓办事。不能以新旧分先后。新人有才干的,就要升官;旧人没才干的,当然不能提拔。要不然,国家的事情怎么能办好呢?"

长孙无忌是唐太宗年轻时候的好朋友,又是他的大舅子(皇后长孙氏的哥哥),有才干又有大功,唐太宗就任命他做了宰相。长孙皇后知道了,怕别人说闲话,对唐太宗说:"我做了皇后,已经够出风头的了,你就别让我哥哥当那么大的官了,免得……"

"不。我任用你哥哥,是因为他有宰相的才干,不是因为他是我的亲戚。"唐太宗坚持让长孙无忌当了宰相。

唐太宗这几件事办得好。他用人，就用有才干、品德好的，不管那人跟自己个人的关系怎么样。

虚心纳谏

古代人把皇帝能听进不同意见，按正确的意见办事，叫作"纳谏"。唐太宗是我国古代帝王中最能纳谏的一个。

有个叫元律师的官员犯了法，唐太宗一气之下，决定处死他。大臣孙伏伽不同意，反对说："元律师固然有罪，可按照法律不能定为死罪。您的处罚太重了，应当改一改。"

唐太宗想了一下，说："你说得对。要不，我就错杀了人啊！"

他立刻改变了主意，还下令把一座花园赏

给孙伏伽。可又有一个大臣不同意了,说:"那座花园值一百万钱,这个赏赐太重了吧?"

唐太宗摇摇头说:"孙伏伽敢直接指出我的过错,我就要重重地赏他,好让大家都能像他这样直言规劝我呀!"

唐太宗这方面的故事有很多很多,他和魏徵之间的事更有意思。

有一年,益州(在现在四川省)的地方官给朝廷上了一道奏折,说当地的僚人(一支少数民族)起来叛乱,还抢了东西,请求中央发兵镇压。

唐太宗看了奏折,立刻给益州的地方官下了一道命令,说:"僚人祖祖辈辈居住在深山里,吃的穿的都很差,有时候出来抢些东西,已经成了习惯,这不能算叛乱。地方官只要公平对待他们,就能把事情平息下来,不出大乱子。万万不可动枪动刀,发兵去杀害他们。他们也是我的百姓啊!"

唐太宗坚决反对派兵去打僚人,避免了一场内战。他在位期间,能平等地对待少数民族,各民族相处得很好,保证了社会的稳定和发展。

五条经验

唐太宗一共当了二十三年皇帝,在许多方面取得了成功。唐朝社会安定,经济、文化都有很大发展,成了当时世界上最强盛的国家。许多外国人都来到唐朝,学习我国先进的文化。唐太宗的年号叫贞观,后来的人就把唐太宗时期繁荣昌盛的局面叫"贞观之治"。

有一次,唐太宗问大臣们:"我的才能比不上古人,可比古人成绩大。你们说,这是怎么回事？请你们大胆说，说错了也不要紧。"

于是，大臣们说开了。有的说是唐太宗威望高，有的说是唐太宗本事大，说了半天，都是说唐太宗的好话。唐太宗听了，很不以为然。

他说："你们说得不对。我成功的原因有五条：第一，过去的皇帝常常妒忌有才能的人，我不这样。我见了谁有才能就高兴，好像就是我自己的才能似的。第二，我用人主要是用他的长处，避免他的短处，不要求一个人样样都行。第三，我不像有的皇帝，对有功的人就喜欢得抱在怀里，对犯了错误的人就讨厌得要推到沟里去。我尊重有功的人，也原谅犯错的人。"

大臣们听了，一个劲儿地点头，觉得皇上说得透彻。只听唐太宗继续说下去："第四，过去有的皇帝，记恨敢说直话的大臣，随便杀害他们。我从来不这样，对说直话的人一向是奖励的。最后一条,过去的皇帝差不多都只重视汉族人,轻视其他民族的人。我没有这种偏见,无论是不是汉族,我同等对待,所以好些少数民族都来投靠我。"

那几个大臣都听呆了。唐太宗大笑起来:"有了这五条,我才有今天的成绩啊!"

唐太宗说的这五条,就是在今天,也还很有价值。他不愧是我国古代卓越的政治家。

元世祖

(1215 — 1294)

元世祖忽必烈,蒙古族人,成吉思汗之孙,元朝的开国皇帝。他平定了蒙古贵族发动的叛乱,建立了中国历史上疆域最辽阔的元朝。元世祖注重发展经济,重视汉文化,任用有才干的人,加强对边疆地区的管理,巩固和发展了我国统一的多民族国家。

兄弟和好

忽必烈的哥哥蒙哥当蒙古可汗（kè hán，蒙古族最高首领的称号）的时候，忽必烈的势力可大啦！蒙哥信任他，让他负责管理汉族人居住的中原一带。

忽必烈跟那些光会骑马打仗的蒙古贵族不一样。他喜欢读书，又喜欢和汉族人中有学问的人来往，所以他身边有好多有才干的汉族人帮助他，把各地管理得秩序很好。很快，忽必烈手下的人多了，名气也一天比一天大。

可是，有一天，有人向忽必烈报告："您知道吗？大汗（指蒙哥）派人到中原来了！"

"来干什么？"

"要查查我们这地方官吏的所作所为，已

经列出了一百多条罪状,要查明后一律处死!"

"啊?"忽必烈听后,非常惊讶。因为那些被查的官员,差不多都是自己平时最信任的人。如果把他们杀了,自己还靠谁去治理中原呢?他想,大汗一向对自己十分信任,这一回怎么突然派人来查呢?一定是有人向大汗说了自己的坏话,引起了大汗的怀疑。

这时候,汉人谋士姚枢走了进来。忽必烈连忙把自己的心事告诉他,闷闷不乐地说:"我一心为大汗办事,没想到他还不信任我!"

姚枢笑了笑说:"大汗是您哥哥,是一国之主,您是他弟弟,是臣子,他有权这么办。这件事虽然让您受了委屈,可不能多计较,更不能为这件事兄弟俩闹别扭。"

"那我该怎么办呢?"

"我有一个办法。您不如干脆把自己的全

家人都送到大汗身边去住,表示对他的忠心。大汗见您这样,自然就不会再怀疑了。"

"好。就照你说的办。"忽必烈马上把妻子和儿女都送到都城和林(在现在蒙古国境内)。到了这年年底,他又亲自到和林朝见蒙哥。

蒙哥见到忽必烈,感动得不知说什么好。前些日子,他确实是听了别人的挑拨,怀疑忽必烈想独霸中原,才派人去查的。现在,真相大白了,弟弟受了冤枉。蒙哥拉住忽必烈的手,两个人都流了泪。忽必烈刚要说什么,蒙哥一摆手:"你什么都不必解释,我已经明白了。"

他们兄弟俩消除了误会,还像以前一样好。

当上了皇帝

蒙哥亲自率领蒙古军队攻打南宋,让忽必烈也率领一路人马,向南进攻。忽必烈的军队已经打到了长江北岸,忽然从后方来人报告说,蒙哥大汗死在军中,让他赶紧回去。忽必烈非常难过,可他还是强忍着说:"眼下和宋军打仗,还没分出胜负,我怎么能回去呢?"

于是,他镇静地指挥军队渡过长江,打败了宋军。这时候,他的妻子派来一个密使,对忽必烈说:"您的弟弟阿里不哥留守在和林,已经准备自己当可汗啦!他还派兵包围了开平(在现在内蒙古自治区)。您快拿个主意吧!"

这一回,忽必烈真着急了,因为开平是他的大本营。他马上把手下的将领和谋士们叫来,把这件事告诉大家。大伙儿一听也急了:"大王赶快回去吧!您当可汗,我们听您的!"

忽必烈沉思着,又望了望汉人谋士郝经等人。郝经用手捻着胡须说:"大王虽然很有威望,又带有重兵,可阿里不哥要自称受蒙哥的遗命,继承了汗位,再加给您一个罪名,那时候,您再想回去也不能了。"

"你的意思是……"忽必烈问。

"不要迟疑了,马上退兵。赶回开平,先把国家大事定下来,才能防止灾祸。"郝经果断地说。

"好,就这么办!"忽必烈站起身,猛一挥手,"先和宋朝讲和,我要马上回北方去!"

1260年春,忽必烈回到开平,宣布继承汗位。从前选定可汗,都在蒙古人居住的地方举行,忽必烈这次在汉族人居住的地方自称可汗,这不是违反传统吗？

其实，忽必烈就是要改改蒙古人的老习惯。不久，他干脆按照汉族人的习惯，自称为皇帝。管理国家的办法也学了汉人的法子。

可过了不久，从和林传来消息，他的弟弟阿里不哥在和林宣布自己才是正统的可汗。

这一来，他们兄弟俩就打起来了。最后，忽必烈亲自率兵攻入和林，打败了阿里不哥，成为蒙古人公认的领袖。

建立元朝

忽必烈当了十几年可汗。到了1271年，他又宣布了一件大事：要正式建立一个国号。

说来话长，忽必烈的爷爷成吉思汗最早创建了"大蒙古国"。忽必烈当了可汗以后用的也是这个名字。后来,他最信任的汉人大臣刘秉忠等人上奏说:"天下都在大王手中,统一的大局已定,大王应给国家定一个远大的名称。"

忽必烈一想:对呀!不给国家起个响亮的名字,怎么能表现出自己的气魄来呢?他决心废弃"大蒙古国"国号,就用刘秉忠提出的办法——改国号为"大元"。历史上所说的元朝,从这时候就开始了,忽必烈就是元世祖。元朝不再只是蒙古一个民族的国家,而是包括汉族在内的多民族国家。后来,元灭了南宋,统一了中国,为中华民族的发展起了重大作用。

元世祖重建了国号,又建新都。新都城选在了大都(现在的北京)。元大都的南城墙在现在北京长安街,北城墙在德胜门和安定门以北五里处,东西墙分别和东直门、西直门在一条线上。这就是说，元大都已经是后来北京城的最初形状了。它规模巨大，城里有笔直的街道和美丽壮观的建筑，是当时世界上独一无二的伟大城市。

把全国各族人民统一起来，是元世祖最重要的贡献。

亲征乃颜

元朝建立了十几年以后，有一个叫乃颜的蒙古族王爷起兵反元，带兵打过来了。这时候，元世祖正在生病，可听到这个消息，就决定带兵亲征。

"陛下身体欠安，还是不要亲征了！"大臣们劝他说。

"不行。平定叛乱是最要紧的事，我怎能

不去呢？"

于是，元世祖带兵上了前线。前锋和乃颜的军队打了几仗，可没能取胜。元世祖问起原因，有的将领告诉他："咱们的将士当中，有好些人过去是乃颜的部下，还有的和他们是亲戚。所以一见面，不忍心打。好多人骑在马上互相交谈起来，连刀枪都扔了！"

"噢，会有这种事？"元世祖沉思了一会儿，果断地说，"这样，我改用汉军迎敌，用汉军兵法作战！不管怎样，这一仗一定要胜！不准再打平了。"

这一天，在辽河附近，两军相遇了。元世祖骑上高头大马，来到阵前。只见乃颜的十万大军，用战车围成整齐的阵势，准备和元世祖决战。元世祖不动声色地观清了敌阵，就打马回营了。这时候，他已经想好了破阵的办法。

第二天,元世祖坐上由四只大象拉着的战车,那大象的身上都披着铠甲。然后,他指挥着骑兵和步兵,向乃颜的营垒发动进攻。

这时候,元营的火炮打响了。浓烟滚滚,掩护着汉军将士冲杀。冲锋的时候,每个步兵和骑兵共骑一匹马。冲到敌人阵前,步兵跳下马,手舞着大刀、长矛,杀进了敌阵。

双方士兵立刻混战在一起,喊杀声震天动地。箭像雨点儿般地射来射去,骑兵翻下马背,步兵倒在地上,好一场恶战!

这一仗,从早晨一直打到中午,乃颜的车阵终于被攻破了。乃颜被包围起来,眼看着自己的人越来越少,他就想趁机逃跑。他刚转过身,不料后面一声断喝:"乃颜哪里跑!"

元军大将玉昔帖木儿骑马追了上来,一把将乃颜抓下马来。

元世祖处死了乃颜,平定了叛乱,稳定了全国的局势。

八思巴字

八思巴是一个人的名字,他是吐蕃人。

八思巴能言善辩,很有才华,元世祖对他特别尊敬。元世祖想把蒙古族的文化继承和发展下去,可原来的蒙文不大好用,他就想创制一种新的蒙古字。他把这件事交给了八思巴去办,封他为国师,命令他率人创制新的蒙古文字。这种新字不但可以拼写蒙语,还能翻译其他民族,特别是汉族的语言。

八思巴带着一批学者,苦心研究,花了好几年的时间,根据藏文字母,创制了蒙古新字。

元世祖见了十分喜悦,重重赏赐了八思巴

以后,通告全国:以后凡是皇帝的旨令、朝廷的文件,一律都得用蒙古新字来写。

为了让蒙古贵族子弟学习汉文化,元世祖还让人把重要的汉文书籍翻译成蒙古新字。这样做,加强了民族间的文化交流,又是以前的皇帝没有做过的事。

后来,为了纪念八思巴,人们把蒙古新字叫作"八思巴字"。

鹘丢了

一天,元世祖和大臣窦默在一起聊天儿。窦默说:"古时候,皇帝有了过错,当大臣的敢直接指出来。现在可不行喽!皇帝说好,大臣也得说好。皇帝说盐是甜的,大臣会跟着说甜得很!您看,这种说假话的风气盛行下去,不是要坏了大事吗？"

"是啊，你说得很对。"元世祖知道窦默是在提醒自己，也爽快地说，"人们喜欢听顺耳的话，实际上，顺耳的话不一定都对。君有过错，当臣子的大胆指出来，这才算是真正的忠臣！"

他们正谈得投机，一个太监跑来报告："陛下，您打猎用的一只鹘[hú，也叫隼（sǔn），鹰的一种]丢了，明天不能出去打猎了。"

元世祖听说心爱的鹘丢了，唰地变了脸色，气得直叫。一个平时特别喜欢拍马屁的侍臣趁机在旁边说："皇上心爱的东西，怎能随便弄丢了呀？应当把那个管鹘的人治罪。"

元世祖听了，正合心思，刚要发命令，一扭头，见窦默绷着脸儿，一言不发。他猛地想起了刚才两个人的谈话，脸上顿时火辣辣的，后悔自己太不冷静了。

元世祖命人把那个爱拍马屁的侍臣拉下去，掌了嘴巴。他又传令：放掉养鹘的人，赦（shè）他无罪。

治理国家

有一次，元世祖和大臣们议论国家大事，他问大家："你们说，现在评定一个地方官做得好坏，主要看什么？"

大臣们都不言语，元世祖笑着说："让我看，第一要看他那个地方人口增加没有，第二要看荒地开垦出来没有。"

元世祖的这个说法十分有远见，为什么呢？因为在元朝统一中国的过程中，打了不知多少仗，死了不知多少人，全国各地人口一天比一天少,田地都荒芜了。没有人种田,吃什么?穿什么?别看元世祖是蒙古人,以前过惯了骑马放牧的生活,可他非常重视发展农业。

为了发展农业生产,元世祖下令把流浪在各地的农民召集起来,让他们好好生产。他还专门设立了管农业的官,让自己最信任的大臣孛罗去管理农业。丞相安童听说了,上书给元世祖说:"孛罗是朝廷重臣,有好多要紧的事等着他干。您为什么让他管农桑这些琐碎的小事。这是大材小用了,您还是换个人吧!"

元世祖摇着头对安童说:"管农桑可不是小事。国家以人民为本,人民以衣食为本,衣食就是要靠农桑啊!这是自古以来的道理。我就是要派孛罗这样的大臣去管,才能使大家都看重这件事啊!"

"陛下说得对。"安童听了心服口服。

没过几年，元朝的人口果然增加了，农业也发展了，人民的吃穿都比以前好多了。元世祖又派人兴修水利，开通大运河。有个叫郭守敬的科学家，又懂水利，又懂天文，忽必烈特别重用他。后来，郭守敬在很多方面都做出了成绩。

在当时世界上，元朝成了最强盛的国家。好多外国人都来到中国学习或者做生意，像著名的意大利人马可·波罗就是其中的一个。元世祖召见了他，让他在元朝做官，住了十几年。

元世祖的时代，元朝十分兴盛，他不愧是一位杰出的政治家。

康熙帝

（1654 — 1722）

康熙帝爱新觉罗·玄烨，八岁就当了皇帝，在位六十一年，是我国在位时间最长的皇帝。他平定三藩，统一台湾，北御沙俄，三征噶尔丹，坚决维护多民族国家的统一。康熙帝学识渊博，尤其重视自然科学，在发展经济和文化事业中，也取得了很大成绩。康熙帝是统一的多民族国家的捍卫者，开启了"康乾盛世"的局面。

抓鳌拜

康熙帝当皇帝的时候才八岁。他父亲顺治帝临死前,就指派四位大臣帮助他。这四个大臣,一个叫索尼,一个叫苏克萨哈,一个叫遏必隆,一个叫鳌(áo)拜。

顺治帝死后,四个大臣掌握了大权。可是索尼年老多病,苏克萨哈资历太浅,遏必隆软弱无能,他们三个管不了太多的事,所以遇上大事,差不多都是鳌拜说了算。

鳌拜当过将军,立过战功。可他非常狂妄,谁不同意他的意见,他就恨谁,甚至把人杀了。康熙帝年龄又太小,根本管不了他。鳌拜倚仗权势,恢复了许多落后腐朽的政策,使社会发生了倒退。

一转眼,过去了好几年,康熙帝十四岁了。按照规定,他可以亲自管理国家大事了。他想好好干一番大事业,可鳌拜还总想管着他,想让小皇帝成为自己的玩物。年轻的康熙帝偏不听他的。鳌拜心里恨极了,就想暗害小皇帝。

康熙帝知道以后,就想出一个办法。他召来一些和自己年龄差不多的小伙子,当自己的侍卫。没事的时候,他让小侍卫们练摔跤和格斗,他自己也跟着一块儿玩。过了些日子,这些小侍卫练得一个个身体结实,武艺过人。康熙帝见了,十分高兴。于是他就把自己的心思告诉给他们。大家听说皇上要除掉鳌拜,一个个都摩拳擦掌,分头准备去了。

这一天,康熙帝下令召见鳌拜。鳌拜仍然像往常一样,大摇大摆地来到大殿。他还没站稳,康熙帝一挥手,小侍卫们突然一齐上前,把鳌拜按倒在地。鳌拜急得大叫："你们要干什么？！"

小武士们齐声回答："这是皇上的命令！要捉拿你！"

等鳌拜明白康熙帝已经先下手的时候，他已经被捆绑得结结实实，动弹不得了。

大臣们听说鳌拜被抓起来了，都齐声叫好。大家给鳌拜凑了三十条罪状，要求把他处死。康熙帝想了想，说："鳌拜虽然有罪，可他有过战功，还是免他一死吧！"

康熙帝下令把鳌拜关起来，给被他打击和害死的大臣平了反。从此，聪明能干的康熙帝精神十足地管起了国家大事。

平定吴三桂叛乱

"吴三桂叛乱,已经起兵打过来啦!"

康熙帝亲政不久,这个坏消息就传来了。怎么对付呢?这对他是一个大考验。吴三桂是一个很出名的人。他为了反对农民起义,把清军从关外引进关内,打败了农民军。大家恨透了吴三桂,都说他是大汉奸。

清朝统治全国以后,吴三桂被封为平西王,驻在云南。他在云南欺压百姓,作威作福,甚至想分裂国土,当个土皇帝。因为他兵力强盛,谁也不敢管他。康熙知道了这个情况,就决定免去吴三桂的王位,把他的权力收回来。

吴三桂知道了,急得坐立不安,索性起来造反了。他仗着自己兵多将广,发动叛乱,从南往北打了过来。

消息传到北京,在朝廷里引起了一场激烈的争论。有的大臣主张派兵镇压。有的人吓得没了主意,主张向吴三桂求和,说:"形势太紧迫了,朝廷兵力不强,路途又远,还是不要出兵,就让吴三桂割地称王吧!"

"是啊!最好的办法是杀掉主张撤掉吴三桂权力的官员,恢复吴三桂的权力。这样,吴三桂出了气,就不会叛乱了。"有的大臣说。

才二十岁的康熙帝静静地听着,心里在判断着,谋划着。然后他严厉地说:"撤销吴三桂的权力是我最后决定的,有什么乱子由我担当。我早料到了,吴三桂这个人反复无常,早晚要造反的!你们说什么让他分裂国土称王,这是绝对不能允许的!"

主张求和的大臣都低下了头。康熙帝又斩

钉截铁地说:"如今只有一条路——坚决派兵征讨!"

康熙帝果断地决定出兵平定叛乱。他亲自布置了作战的方法,一面派重兵在湖北、湖南,从正面阻止吴三桂的军队,一方面又派兵从江西、四川截断叛军同各地的联系。他对带兵的将领们说:"你们要打的是吴三桂叛军,要严禁欺负百姓、杀人放火抢东西。有敢违令的,定斩不饶!"

清军勇猛进军,果然把吴三桂打得大败。后来,吴三桂病死了,叛乱也被平定了。这场战争打了将近八年。

清军到台湾

祖国的宝岛台湾,在很早很早以前,就和

大陆有着各种各样的联系。建立在大陆上的封建王朝，不断派遣官员管理台湾地区的事务。到了明朝末年，这颗海上明珠，被西班牙、荷兰等殖民主义者霸占。清朝初年，民族英雄郑成功，在台湾各族人民的支持下，赶走了荷兰殖民主义者，收复了台湾。

郑成功收复台湾以后不久就去世了。他的儿子郑经掌握了台湾大权。郑经宣布以台湾海峡为界，要求康熙帝用对外国的礼仪对待台湾。这实际上是想把台湾分裂出去。

康熙帝断然拒绝了郑经的无理要求，并决心统一台湾。这时，福建总督姚启圣给朝廷上了一个奏折，向康熙帝报告台湾内部的情况。

原来，台湾内部有许多人反对郑经的分裂主张，纷纷起来反对他，有的还驾船回到了大陆。郑经死后，他的二儿子郑克塽（shuǎng）

执政，更不得人心。

康熙帝看了奏折，把大学士李光地找来，问他："台湾发生内乱，姚总督在奏折中建议朝廷快速派兵攻取。你看如何？"

"臣以为完全可以。"李光地毫不犹豫地回答。

"派谁去合适？"

"姚启圣就挺合适。他在福建当了许多年的官，比较熟悉台湾的地理环境。再说粮饷和军械也容易筹集。至于武将，水师提督施琅（láng），身经百战，有勇有谋。让他俩共同督军，定能取胜。"

"好！"康熙帝兴奋地握紧拳头，发出命令，"就派姚启圣和施琅率水军渡过大海，迅速占领台湾，决不能让它和咱们大陆分裂开！"

不久，在1683年夏天，施琅带领两百多

艘战舰，两万多兵将向台湾进发了。他们首先到了澎湖岛。这澎湖岛在台湾西边，是台湾的门户。守在这里的郑克塽部将刘国轩，在凡是能登岸的地方都垒起高高的石墙，墙头上又安置了火炮和弓箭，防守十分严密。

施琅仔细察看了地形以后，就亲自率领六十艘战船，分成八队，作为前锋；后面又有八十艘战船，负责接应，然后，开始了猛烈的进攻。

刘国轩见清朝水军来了，也离开了高墙，率数百艘战船迎战。这一来，施琅暗暗高兴，因为他最善于指挥海战了。

只听一声令下，清朝水军快速前进，冲入了刘国轩的船队。刘国轩急忙下令乱箭齐发。霎时间，箭支满天飞窜。施琅非常镇定，左躲右闪，指挥船队开炮轰击。不料，一支箭飞来，正射在他的眼睛上，顿时鲜血流了满脸。他不顾疼痛，掏出手帕擦干了血，又继续指挥战斗。刘国轩见清军来势凶猛，就想往后退。施琅趁机率军攻杀，终于占领了澎湖边沿的虎井、桶盘两个岛屿。

接着，施琅又乘胜分兵推进，四面围攻，杀得敌军大败，击沉了战船一百多艘。刘国轩狼狈地逃回台湾岛去了。

清军占领了澎湖，又乘胜追击，顺利地登上了台湾岛。郑克塽见大势已去，只好投降了。攻取台湾的战斗只进行了七天，清军就取得了胜利。

由于康熙帝坚决维护统一，反对分裂，台湾终于重新回到了祖国大家庭的怀抱。

赶走罗刹

清朝的时候，我国的北方和俄国接壤。俄国的沙皇（和我国的皇帝一样，是一国之主）一直想侵略我国的东北和西北，霸占那里肥沃的土地、茂密的森林和丰富的矿藏。

有一年，俄国又派兵占领了我国黑龙江一带，到处杀人放火。清朝军队对他们进行反击，把他们一次又一次地赶出去。可这伙强盗被打跑了，又打回来，赖着不愿意走，无耻极了。当地百姓恨死了俄国匪徒，叫他们"罗刹"。"罗刹"是什么呢？是古代传说中一种吃人肉喝人血的恶鬼。

康熙帝和老百姓一样，也非常痛恨俄国侵略者。他好几次亲自到东北，考察边防情况，坐着船在松花江上察看地形。后来,他发出命令:"罗刹侵犯我边境,作恶多端,对我国危害越来越大。我们要给予还击,赶走他们!"

在康熙帝的指挥下,彭春、郎坦、萨布素三位将军率领的清军,和俄国侵略者打了好几年仗,终于把他们赶出了黑龙江一带。后来,两国签订了《尼布楚条约》,中俄边界从此安定了很长时间。

康熙帝不但身体健壮,武艺纯熟,会射箭,还能指挥作战。他好几次亲自带兵,平定叛乱,打了许多大胜仗。他为祖国领土的完整和统一作出了重大贡献。

皇帝和科学

前面讲,康熙皇帝爱学习,也肯钻研。他

有时候竟因为读书时间过长而累得吐了血。对于历史、文学、音乐、书法、绘画，他都懂，还会好几种民族语言。特别对自然科学，他更有兴趣。上至天文，下至地理，还有数学、几何、物理、医学、测量等，他都一一研究过，还写了几十篇文章。

康熙帝不是死读书，而是非常注重把书本知识与实际运用结合起来。他为了解开"黄河之水天上来"之谜，专门组织了考察队，沿黄河而上，经过千辛万苦，直至找到黄河的源头为止。他还经常到御花园里，测量计算亭台楼阁、池塘假山的高低大小、宽窄长短。就连行军打仗，巡视山川，他也不忘记带着书本、仪器。来了兴趣，或者伴灯夜读，或者测测日影，计算子午线（为测量地球而假设的南北方向的线）的长度，或者量量某处的高度和方位。

康熙帝为了学得更多的科学知识，还具有虚心下问的品德。

一次，康熙帝到南方各地去巡视。船行到德州（在现在的山东省），他对随行的大臣李光地说："最近有什么新书吗？"

"我身边有一部书稿，请皇上过目。"

李光地说着，把一本叫《历学疑问》的书稿递给康熙帝。康熙帝一边翻阅着书稿，一边说："既是书稿，就会有新鲜的地方，也会有不周全的地方。读了这种书，能获得益处。"

"这是宣城梅文鼎（清朝的大数学家）写的，此人对数学很有研究。"李光地介绍着。

"就把这本书稿放在这里吧，我要细细读读。"康熙帝又想了想说，"那位梅文鼎是不是让你早点把书稿还给他？"

"不，不。"李光地急忙回答，"皇上有兴趣，就慢慢审读吧。"

时间过得很快,转眼到了第二个年头。康熙帝详细审读了《历学疑问》,而且用朱笔做了圈点和眉批。他把李光地找来,对他说:"梅文鼎的功力很深,写得周详,论证有力。"

"有不周全的地方吗?"

"只是计算上有些错误,我在旁边做了纠正,可让他参考。"康熙帝和颜悦色地说。

后来,李光地再次陪康熙帝南巡。康熙帝想起了梅文鼎,就让李光地把梅文鼎请来。

已经七十多岁的梅文鼎听说康熙帝要召见他,有点紧张。康熙帝一见到他,就谈起了他写的那本书,又向他请教了许多问题。梅文鼎很受感动。一连三天,他和康熙帝讨论着天文和数学。康熙帝对梅文鼎十分敬佩,临分手的时候,他说:"要不是老先生年纪太大了,我一定要把您留在身边，时时请教。"

康熙帝还挺重视学习西方先进科学。他让好几个外国学者留在身边，随时向他们请教。他的这种做法，比守旧的官员高明得多。

不上尊号

康熙帝无论在发展经济文化上，还是在维护国家统一、反对外来侵略上，都为中华民族作出了巨大贡献。当时国内和国际上都一致赞扬他。有好几次，康熙帝打了大胜仗，大臣们都要求给他上尊号。上尊号，就是给皇帝加上一些好听的词儿，像"功德""孝敬""仁纯"，等等。

可是，康熙帝特别讨厌这件事，拒绝给自己上尊号。他对大臣们说："虽然打了胜仗，可国家还很穷。大家办事要节省,要求实。如果从我这儿起,就给自己加功封号,那不太可耻了吗?"

大臣们都说:"历朝历代都有这样的规矩。您上尊号,也是满朝文武的荣耀啊!"

"不能这么说!"康熙帝严肃地说,"国家不富强,谈得上什么荣耀?上尊号又有什么用?皇帝为一国之主,要办实事,讲实用。我就不喜欢动不动就上尊号,歌功颂德!"

大臣们还要说什么,康熙帝大声说:"上尊号的事,万万不能办。你们不要再提了。"

康熙皇帝五十岁生日的时候,朝廷许多大臣又忙开了。有的送绸缎,有的送马匹,有的送珍宝。没想到,康熙帝一概不收。大臣们觉得不好意思,都央求他收下。康熙帝说:"你们这么办了,全国各地的官员就要跟着学,也送这送那。这不合我的心愿,我坚决不能收。"

康熙帝能这样严格要求自己,在封建帝王中是很少有的。康熙帝是清朝最能干的皇帝,虽然他也办过一些错事,可他仍然是我国历史上最有作为的皇帝之一。